Todos los libros de Linkgua Ediciones cuentan con modelos de Inteligencia Artificial entrenados por hispanistas. Pregúntale al chat de tu libro lo que desees acerca de la obra o su autor/a.

Para ebooks: Accede a nuestro modelo de IA a través de este enlace.

Para libros impresos: Escanea el código QR de la portada con tu dispositivo móvil.

Obtén análisis detallados de nuestros libros, resúmenes, respuestas a tus preguntas y accede a nuestras ediciones críticas generativas para una experiencia de lectura más enriquecedora.
La transparencia y el respeto hacia la autoría de las fuentes utilizadas son distintivos básicos de nuestro proyecto. Por ello, las respuestas ofrecen, mediante un sistema de citas, las fuentes con las que han sido elaboradas.

Luis Muñoz Rivera

Poemas

Barcelona 2024
Linkgua-ediciones.com

Créditos

Título original: Poemas.

Diseño de cubierta: Michel Mallard.

ISBN rústica ilustrada: 978-84-9007-609-5.
ISBN tapa dura: 978-84-1126-628-4.
ISBN ebook: 978-84-9897-988-6.

Sumario

Brevísima presentación

La vida

Luis Muñoz Rivera (1859-1916). Puerto Rico.

Nació en Barranquitas y murió en San Juan. Su padre pretendía que se dedicase a las finanzas y un tío suyo a las artes. Fue periodista, político, orador, poeta y hombre de negocios, siendo uno de los personajes más destacados en la historia moderna de Puerto Rico.

Se vinculó, además, con el movimiento independentista, y negoció con éxito un gobierno autonómico para la Isla.

Su poesía estuvo marcada por su actividad política.

Retamas

I. Yo no sé si hacen versos las letras
que escribo con lágrimas,
al pensar que, en mi dulce Borinquen,
este bello jirón de la patria
(acaso de un sueño
como sombra vana)
la esperanza gentil del colono
se pierde entre sombras y entre olas amargas.

Para estos renglones que escribo temblando,
ni busco, ni cuento, ni elijo palabras;
esta vez la retórica aguarde,
que la verdad pasa.

Y son estas rimas tan tristes y alegres
saetas de fuego o briznas de escarcha,
que abrasan los labios
o enfrían el alma.

IV. Con las ropas en bello desorden,
la frente marmórea de rizos poblada,
balbuciendo los trémulos labios
confusas palabras,
un niño dormía
soñando en la patria.

¡Oh! ¡qué hermosa, riente y espléndida,
altiva y heroica, viril y gallarda
la veía surgir de las ondas
rugientes y bravas,

con su veste de espumas cubierto,
el torso de ninfa, las formas de estatua!
Corrieron los años:
El niño, en su tierra, creció como un paria:
vio la fusta estallar implacable
del siervo en la espalda;
mirar pudo en el rostro del César
sonrisas de lástima;
la sangre, rebelde,
subió a sus mejillas en brusca oleada;
y después... en sus noches de insomnio,
evocando a la ninfa soñada,
¡qué mezquina, qué pobre, qué triste
solía mirarla!

¡Ay! el sueño... ¡qué dulce y alegre!
La verdad... ¡qué desnuda y amarga!

Por eso el mancebo
pensando en la patria,
sintió muchas veces sus ojos marchitos
llenarse de lágrimas.

VII. No hay remedio: doblad la rodilla:
bajad la cabeza,
y sufrid que os oprima y estruje
la planta del déspota
si los amos esgrimen la fusta
que estalla soberbia.
¡Ah! ¡Silencio! En los trémulos labios
ahogad la protesta
porque aún reina en el mundo a

la ley de la fuerza.

Vuestro arado, los surcos rompiendo,
rotura la tierra:
trabajáis sin descanso, y el fruto
de ingrata faena
a sus amplios arcones sin fondo
el fisco se lleva.
Entre tanto en la choza de bálago
morís de miseria.
Continuad vuestra obra: la exige
la ley de la fuerza.

¿Os envuelve tal vez, implacable,
la inicua sospecha?
¿Os injurian los falsos escribas?
¿Os abre sus puertas,
como un monstruo sediento y maldito
la ergástula negra?
Esperad y sufrid ¿qué remedio?
Quien sufre y espera,
podrá un día romper en pedazos
la ley de la fuerza.

XIII. ¡Qué calma tan honda!
¡Qué paz tan profunda!
¡Qué solemne quietud la que reina
por esas alturas!

No ocurren sucesos;
se pasan los días,
Sin que un soplo revuelva los mares

de nuestra política.

Silencio tan triste
enerva el espíritu:
¿Es acaso esta tierra un inmenso
sepulcro de vivos?

XIV. Yo no sé si don Pablo, el pontífice,
estudia afanoso política práctica,
leyendo incansable con ansia creciente
mis pobres retamas.

Pero sé que le gustan de veras,
y que pierde con ellas la calma:
que a veces encierran en tosca envoltura
verdades amargas.

Señor conde: los condes que buscan
impresiones alegres y gratas,
con probar un acíbar como éste
se mueren de rabia.

XVI. ¿El pueblo se divierte?
Dejadle divertir,
Si olvida sus angustias
¿qué más podéis pedir?

¡Que se agite en alegres verbenas,
que ahogue sus penas
apurando el licor del placer!

¡Que se anegue en la báquica orgía,
si siente algún día

los amargos recuerdos de ayer!

¿Que el desaliento invade
nuestra gentil ciudad?
¿Que en ella hunden la garra
los buitres sin piedad?

¡Bah! No importa. Que goce: que cante;
y altares levante
a la risa, a la danza al amor.
No le queda otra cosa: la fiesta;
la lánguida orquesta;
de las copas el dulce rumor.

La decadencia viene:
la vais palpando ya,
el pueblo, antes altivo
degenerado está.
¿No observáis en su frente marchita
la huella maldita
que la idea dejara al partir?
Ese pueblo salvarse no quiere.
Si cae, si muere,
es que anhela caer y morir.

XXXV. A noche, mientras ardía
la caseta de consumos,
describiendo tantas curvas
como una barca sin rumbo
aproximóse a nosotros
un Demóstenes presunto
y nos obsequió galante

con este bello discurso:

—¿Ven ustedes esas llamas?
Hay muy cerca un río enjuto,
que es, enfrente del siniestro,
un sarcasmo y un insulto.

Pues yo tengo en el estómago,
—y jamás lo disimulo—
un incendio más terrible,
sin cenizas y sin humo,
que se burla de las bombas
y desdeña el acueducto.

Y este fuego no se apaga
ni con todo el ron del mundo.

XXXIX. Poetas y artistas:
romped la paleta y el plectro gentil;
empuñad el arado: es preciso
salvar el país.

Escritores: la pluma acerada
tirad con desdén;
no busquéis en la justa gloriosa
el triunfo soñado y el noble laurel.

Otra cosa el país os demanda;
la semilla en el surco arrojad:
la labor del espíritu huelga;
romped con las picas el suelo feraz.

¿Que el país retrocede? No importa.
Sembrad el tabaco: plantad el café.
Este pueblo no es Roma ni Grecia:
Si cae, que caiga. Dejadle caer.

Matad los periódicos;
tirad al arroyo el dulce laúd:
no debemos sonar con la gloria;
aquí solo es dable sonar con la cruz.

Si nada tenemos que valga gran cosa
olvidemos el plectro gentil
de ese modo tan solo se puede
salvar el país.

Tropicales

Paréntesis

Dichoso aquel que no ha visto
más río que el de su patria.

Tras diez años de luchas incesantes
quiero vagar, como antes,
junto a la margen del humilde río
que tantas veces ofreció a mis penas
la paz de sus arenas
y la quietud de su ribazo umbrío.

Corren aquí cual líquidos cristales,
otras ninfas iguales
a las que vi correr hora por hora;
en ese murmullo lánguido y doliente,
el espíritu siente
toda una juventud que pasa y llora.

Yergue sus ramas el laurel añejo
en el móvil espejo
de las aguas refleja su verdura
Y los cactus de flores amarillas
ocultan las orillas
a modo de silvestre colgadura.

De las cercanas frondas en un hueco
se esconde el tronco seco
en que, al rumor de la corriente leda,
daban impulso a mi ambición temprana

las odas de Quintana
y los nerviosos cantos de Espronceda.

Nada se altera en el rincón querido;
hasta el leve ruido
que mis ensueños arrulló, persiste:
es el mismo paisaje, no varía;
lo encuentro como el día
en que le dije adiós convulso y triste.

En cambio, de mí propio, ¿qué me resta?
al subir la agria cuesta
rodó de mis quimeras el bagaje,
y, aunque huello con ímpetu el camino,
errante beduino,
tardo en llegar al término del viaje.

Arriba, lo ideal, foco de lumbre
que irradia en la alta cumbre
sobre los mundos su calor eterno;
abajo, lo real: nébula oscura
que tiene la negrura
de la noche y los fríos del invierno.

Y en la pendiente yo; fuerza que avanza;
voluntad que se lanza;
alma que busca la verdad perdida
y se sumerge en la penumbra densa
para sentir la intensa
vibración del esfuerzo y de la vida.

¿A dónde voy? Que el porvenir responda.

La sima es negra y honda;
pero es la abrupta cima ingente y clara.
Soy de los que en la liza perseveran,
y sin temblar esperan
la gloria o el peligro cara a cara.
Mi musa altiva que al placer rehúsa,
fue la trágica musa
contra todos los dogmas insurrecta:
armada con el yambo deslumbrante
marchó siempre adelante
y, entre cien líneas, eligió la recta.

Nunca en el lodo de pasiones malas
mi inspiración sus alas
quiso plegar; en la batalla ruda
un triple empuje a confortarme viene:
mi aliento me sostiene;
mi fe me salva; mi intención me escuda.

Entre tanto aquí están mi soto umbrío;
la margen de mi río;
el tronco entre la fronda abandonado;
el laurel verdinegro y la corriente
que surgen de repente
como imágenes vivas del pasado.

Cuando ansío la calma y el reposo
y, al azar, silencioso,
en esta muda soledad me pierdo
sin que el bullicio mundanal me estorbe,
¡cómo mi ser absorbe
el balsámico aroma del recuerdo!

Mis creencias, mis dudas, mis amores;
las no olvidadas flores
que fui dejando en pos, lacias y mustias;
las tumultuosas esperanzas mías;
mis locas alegrías
y el inmenso caudal de mis angustias;
algo que dura en mi caduca historia,
que puebla la memoria
y evoco a veces, si en tristeza vivo,
para que agite mi organismo inquieto
con su influjo secreto
a manera de suave reactivo.

¡Adiós orilla plácida y amena
en cuya paz serena
respiro de otro ambiente la frescura!
¡Adiós remanso que en tu fondo guardas
las visiones gallardas
de mi primera edad dichosa y pura!

Vuelvo a buscar más anchos horizontes:
la cuenca de tus montes
me oprime como un cerco de granito;
vuelvo a encontrar más amplias perspectivas:
tus ondas fugitivas
no sacian ya mi sed de lo infinito.

La vejez llega: la existencia es corta.
Si mi destino aborta
y torno a demandar calma y olvido,
¿reservarás en tus riberas pías

el sitio que solías
a la altivez estoica del vencido?

No caeré; mas si caigo, entre el estruendo
rodaré bendiciendo
la causa en que fundí mi vida entera;
vuelta siempre la faz a mi pasado
y como buen soldado
envuelto en un jirón de mi bandera.

Horas de fiebre

I.

¡Cantad en vuestra jaula, criaturas!
Miguel de los Santos Álvarez

¿Llorar...? No, no: sobre la amarga ola
rice copos la nevada espuma;
lleguen al labio con vibrante ritmo
el himno alegre, la canción nocturna.

Cuando el alma en sí misma se repliega
con hondo duelo y con letal angustia,
viene a turbar sus tristes soledades
el ruido intermitente de la lucha.

Riamos, pues; la vida, pobre loca
que va labrando sin cesar su tumba,
nos invita al placer; nuevo sarcasmo
con que la suerte ingrata nos insulta.

Surja radiante la esperanza hermosa,
que ya vendrán la gloria y la fortuna,
cuando la muerte nuestros ojos cierre;
cuando la tierra nuestros restos cubra.

II.

En señal de su oprobio,
les pondría la palabra
de «infames» en la frente.
Juan Clemente Zenea

Oíd: los que lleváis allá en el alma
de negra envidia la dolencia grave

y hacéis, ante la faz del universo,
de fingida bondad cínico alarde.
¡Abajo el antifaz! Es necesario
que este perpetuo carnaval acabe;
alzad la frente pálida, en que el vicio
marcó al pasar su huella degradante.

¿Falso pudor vuestras mejillas quema?
¿Ardor fugaz calienta vuestra sangre?
¡Abajo el antifaz! La hipocresía
es torpe, y vil, y mísera, y cobarde.

Llegad aquí: que la virtud os vea;
que vuestra horrible fealdad la espante;
que la luz ilumine vuestro rostro
y el látigo flagele vuestra carne.

III.

Yo me consumo aquí,
como la antorcha que solo acusa
luz por la humareda.
M. Sánchez Pesqueira

Sobre esta roca solitaria y triste,
bello jirón del suelo americano;
cautivo de las ondas que me cercan;
de mi fortuna y mi deber esclavo,
alguna vez, cuando mi patria llora,
doy al viento las notas de mi canto,
como este Sol que me ilumina, ardiente,
como este mar que me circunda, amargo.

Más ¡ah! que aquí la inspiración se enfría,

el arte muere de ideales falto,
el sacro numen su calor extingue,
sus cráteres apaga el entusiasmo,
y la robusta vibración del arpa
se pierde, como un eco funerario,
entre el suave murmullo de la selva
y el eterno rumor del océano.

IV.

Yo, de honda pena herido,
cerré sus ojos bellos...
Ventura Ruiz Aguilera

¡Ha muerto! Ya no irradian las pupilas
veladas por sus párpados de nieve.
¡Ah, qué triste silencio el de sus labios!
¡Qué augusta palidez la de su frente!

Ayer los anchos piélagos del mundo
surcaba sin temor, pura y alegre;
hoy cruza los desiertos infinitos
de ese país del que jamás se vuelve.

¡Adiós! ¡Adiós! ¡Los que te amaron mucho,
los que arrullaron tu existencia breve,
miran huir contigo su esperanza:
rayo de Sol que con el Sol fenece!

Y solos, con el alma desgarrada
por un dolor más negro que la muerte,
van contando minuto por minuto
la fría eternidad en que te pierden.

V. El mundo así recibe
al que no sabe como en él se vive.
José de Espronceda

Allá va... ¡detenedle! ¡Al loco! ¡Al loco!
¿No veis cual gesticula y disparata...?
—«Que es la vida un bostezo interminable
y el cielo una ilusión de la mirada;

que el egoísmo vil gobierna al mundo;
que la virtud es flor de una mañana;
que es el hombre una máquina imperfecta
y el interés manubrio de la máquina;

que hay una fuerza inútil: el talento,
y hay otra fuerza universal: la audacia,
que la justicia es arma que se vende
al que con más esplendidez la paga...»

—¡Oh! detenedle, detenedle presto;
ponedle sin piedad yugo y mordaza,
antes que al rostro, con brutal franqueza
os lance su estridente carcajada!

VI. ...Delirio acaso;
ecos, quizás, del alma
que de caprichosas ficciones...
Rafael del Valle

Memorias de otros tiempos más hermosos:
reminiscencias de otra edad más pura;
sueños de amor que el desencanto hiela;

placer fugaz que la tristeza nubla;

Afán pueril de gloria y de laureles;
ciega ambición de honores y fortuna;
ansia eterna de luz y de armonía;
recuerdos vagos, esperanzas mustias;

Nostalgia de una patria que se sueña
vacío de una fe que se derrumba;
arranques juveniles de entusiasmo;
inmensas oleadas de amargura:

¡Ah! dejad que mi espíritu repose
en la suprema soledad nocturna,
como reposa el pobre peregrino
para seguir su interminable ruta.

VII. Es flor que brota apenas y se seca;
es luz que brilla apenas y se apaga.

¿La gratitud? ¡Ah, sí! ¡Lástima grande
que no fuera verdad tanta belleza!
Id por doquier sembrando beneficios;
repartid la limosna a manos llenas;

Dad la mano al caído y levantadle;
dad la mano al caído y levantadle;
curad, como Jesús, úlcera y lepra;
calmad muchas angustias punzadoras;
enjugad muchas lágrimas acerbas;

Sed padre de los huérfanos humildes;

sed protector de la virtud austera;
llevad en estas luchas de la vida
el bien por norma, la piedad por lema.

Y cuando el áureo manantial se agote,
y cuando toque el hambre a vuestra puerta,
el mundo inventará, para premiaros...
su más burlona e insultante mueca.

VIII. A todos deja iguales en la tumba
el nivel del olvido y de la muerte.
José Velarde

Sueña el artista: el porvenir es suyo;
tiene el pincel, la pluma, la palabra;
escribe, pinta, esculpe, triunfa, muere;
la tumba hambrienta sus despojos traga.

Y el mundo entonces, que admiraba ciego
la corrección del verso y de la estatua,
sobre el altar el ídolo que olvida
alza un altar al ídolo que aclama.

¿Y qué la gloria al fin? Un meteoro
que brilla un punto, nos deslumbra y pasa
un poco de vapor que se disipa;
un fuego fatuo que la brisa arrastra.

Algo así como el iris que proyecta
en el espacio sus cambiantes franjas,
y si quiere tocarle nuestra mano
es aire, es humo, es ilusión, es nada.

El paso del déspota

Yo no soy el juglar de los festines;
yo soy el trovador de la montaña.
José Gautier Benítez

Plus Quam Civilia Bella

Aquí doliente esclava, en medio al océano,
mirando de las olas el rápido vaivén,
remedio a sus dolores en vano pide, en vano,
del cielo abandonada la dulce Borinquen.

Extrema sus rigores la odiosa tiranía;
el látigo crujiente sacude al opresor;
su espada Themis quiebra, y la sangrienta orgía
preside, ebrio de triunfos, el genio del terror.

La soldadesca impone, beoda y turbulenta,
el bárbaro suplicio con furia criminal;
la ley es humo leve que arrastra la tormenta;
el pueblo, pobre acacia que dobla el vendaval.

Se llenan de inocentes los negros calabozos;
se acusa en el tormento la victima infeliz;
se escuchan por doquiera gemidos y sollozos,
y todos ante el déspota inclinan la cerviz.

Violado el templo sacro do se elevara augusto

de los hispanos fueros el venerado altar,
altivo se levante, impávido y robusto,
el ciego e implacable imperio militar.

La libertad sucumbe sin compasión herida;
la dignidad se oculta huyendo a la traición,
y siente el ciudadano pesar sobre su vida
perpetuas amenazas de inicua delación.

Y en tanto que el autócrata sereno se presenta
haciendo de sus triunfos ostentación fatal,
la ley es humo leve que arrastra la tormenta;
el pueblo pobre acacia que dobla el vendaval.

Minha terra

Borinquen, pobre cautiva
del mar que sus costas bate;
garza dormida entre brumas
como en lecho de azahares,
no vio nunca en sus collados
el humo de los combates,
ni el somatén en sus villas,
ni el tumulto en sus ciudades.

Borinquen, la pobre tierra
de las angustias tenaces,
de las danzas gemidores,
y de los tristes cantares,
no vengó, loca de furia
como una virgen salvaje
las equimosis del látigo,
las cicatrices del sable.

Borinquen tiene en su escudo
un peñasco entre dos mares
y un cordero solitario
con un pálido estandarte.

Símbolo fiel de su historia
que, a través de las edades,
no escribió jamás en rojas
tintas el nombre de un mártir.

Borinquen, la cenicienta,

no puede romper su cárcel,
porque faltan, ¡vive Cristo!,
mucho nervio en su carácter,
mucho plomo en sus colinas
y mucho acero en sus valles,
porque en sus campos no hay pueblo;
porque en sus venas no hay sangre.

Cuba rebelde

Cuba, el país de las cañas,
de las selvas seculares,
de las profundas marismas
y de las vegas feraces,
supo arrojar en sus campos
ardientes lluvias de sangre,
para afirmar sus derechos
y salvar sus libertades.

Cuba, la sílfide indiana
envuelta en níveos celajes,
triste como el Sol que muere,
bella como el Sol que nace,
se yergue fiera y altiva
al sentir en el semblante,
más que la traza del golpe,
la ignominia del ultraje.

Cuba, la tierra bendita
de los poetas brillantes,
de las mujeres heroicas
y de los dulces cantares,
graba con buril de fuego
en páginas de diamante
las fechas de sus victorias
y los nombres de sus mártires.

Cuba, la esclava orgullosa,
alzándose formidable

con empuje soberano,
romperá un día su cárcel;
porque hay plomo en sus montañas;
porque hay acero en sus valles,
porque en sus campos hay pueblo,
porque en sus venas hay sangre.

A cualquier compatriota

Van llegando, por más que no lo creas,
los tiempos en que emigran las ideas.

Qué es, en el fondo, el negro despotismo
un fantasma con miedo de sí mismo.

Muchas veces se mira una bandera
protegiendo el cubil de una pantera.

Para ser digno y libre ¿a quién esperas?
Lo serás, si es que quieres, cuando quieras.

Pueblo viril que de su honra cuida,
perdona acaso, pero nunca olvida.

¿Naciste en la colonia? Muy bien hecho,
serás el Jeremías del derecho.

¿Justicia? ¡Qué palabra tan hermosa!
Pero es una palabra y no otra cosa.

¿Derecho? En esta tierra infortunada,
es aire, es humo, es ilusión, es nada.

Las campanas

Ya sé lo que dicen
las roncas campanas
cuando en recio y confuso desorden,
agitan con fuerza sus lenguas metálicas.

Anuncian dolientes
la hora del alba,
porque el astro que sube a los cielos
es astro que alumbra vergüenzas y lagrimas.

Al pueblo congregan
y escuchan con rabia
por las naves del templo sombrío
subir a la altura la humilde plegaria,

en tanto que a gritos
exige la patria
ancho muro de pechos viriles,
de pólvora en estruendos y choque de es-
padas.

Ya sé lo que dicen
las roncas campanas
cuando vibran en brusco desorden:
ya sé lo que dicen: ¡Venganza! ¡Venganza!

Turba multa

Bajo los anchos pliegues de una bandera
invicta en Arapiles y en Ceriñola
una turba se ampara tosca y logrera,
hija degenerada de la altanera
raza española.

Gente que audaz persigue lucro mezquino
que en altos ideales su afán escuda;
que siembra odios eternos en su camino
que de climas remotos hambrienta vino
pobre y desnuda,

y hoy que sus ricas tiendas aquí levanta
del colono pretende mofarse impía;
contemplar en el tajo nuestra garganta
y hacer que en nuestra tierra fije su planta
la tiranía.

Esos no representan al pueblo hispano
noble, viril, altivo, franco y sincero,
convertido, a esta margen del océano,
en montón de burócratas, rudo, inhumano
torpe y artero.

Montón a que los parias rinden tributo;
que en éxitos menguados te pavoneas;
que de tu negra infamia logras el fruto
en días tempestuosos de sangre y luto!
¡Maldito seas!

Alea Jacta Est

No, no cabe el abrazo de concordia
ni el ósculo de paz:
manando sangre la profunda herida
eternamente está.
Regó el ángel del odio la simiente
que empieza a germinar,
y dijo airado al abatir el vuelo:
¡jamás, jamás, jamás!

Aunque el iris se tienda fulgurante
después del huracán;
aunque recobre su esplendor divino
la santa libertad:
aunque luzcan bellísimas auroras,
lo escrito, escrito está;
porque aún vibra en los aires el fatídico
¡jamás, jamás, jamás!

Judas

Eras inquieto, altivo, belicoso,
batallador, resuelto;
a duda, el hondo mal de nuestro
siglo turbaba tu cerebro.

Se desbordaba en ímpetus rebeldes
tu carácter soberbio,
como del Etna se desborda el cráter
en láminas de fuego.

De patrio ardor henchido, no tenía
tu corazón entero,
para el dolor latidos miserables,
ni fibras para el miedo.

Brillaba fulgurante en tus pupilas
la chispa del talento;
alma de tempestad, frente de apóstol
y músculos de hierro.

Y te vendiste... La calumnia infame
manchó tus labios trémulos;
fue un pobre resto de vergüenza ¡el último!
a sacudir tus nervios;

lo que tienes del Afrecha en la sangre
se sublevó violento;
todo lo que hubo en ti de grande
rodó con brusco estrépito

y en tu obra gozaron los verdugos;
y, de tu hazaña en premio,
a tus pies arrojaron la moneda;
a tu rostro el desprecio.

...

Si no apuraste ya, con firme pulso,
el pomo de veneno;
Si respiras aún, traidor... ¿Qué hiciste
de los treinta dineros?

El general

Mirad: frente por frente se divisa
al viejo capataz de la mesnada;
ni un pliegue de bondad en su sonrisa;
ni un destello de luz en su mirada.

Alma siniestra: rostro abotargado;
labio en un gesto de desdén caído;
el corazón a la piedad cerrado
y a la doliente súplica el oído.

Tiene en la diestra el rayo que calcina;
tiene en el alma el odio que envenena;
tiene a sus pies un pueblo que se inclina
y arrastra, murmurando, su cadena,

en tanto que del torpe libertino
solo cede la cólera sombría
al influjo magnético del vino
y al sopor humillante de la orgía.

Allá, sobre las cumbres de la sierra,
con sus turbas de ilotas y reptiles,
para dictar sus úkases se encierra
entre nubes de sables y fusiles.

Miedoso de la fiebre vengadora
plantó su tienda lejos de los mares,
y abrió como una caja de Pandora,
el cofre de sus juicios militares.

Inquisidor, a sus esbirros manda
que a los hombres apliquen la tortura
y caigan en los pueblos como banda
negra y feroz a la que el hambre apura.

Alguien le adula: trepadora hiedra
que al fuerte muro con afán se acoge;
el que al amparo de sus triunfos medra
y el fruto de sus crímenes recoge.

Ante ese monstruo, aborto del abismo,
aún hay quien pasa con la frente erguida
en el alma el horror del despotismo
y el desprecio sublime de la vida.

Mientras aliente un corazón entero
pueden lucir auroras de venganza;
hasta las sienes del Goliat ibero,
la débil onda de David alcanza.

Para enviarnos el terrible azote,
al infierno tal vez injertar plugo
en un Nerón con rasgos de Quijote,
un Sancho con instintos de verdugo.

Es general sin luchas ni peleas,
sin hidalguía, sin honor, sin nada;
para cortar el vuelo a las ideas:
para eso sirve el filo de su espada.

Goza en paz ¡oh tirano! que algún día

irá a turbar tus negras soledades
lejana, estrepitosa gritería:
zumbido de remotas tempestades.

Grito de rabia que los aires llena;
rugido de un titán que quiebra el yugo;
voz de un pueblo que rompe su cadena;
voz de un pueblo que execra a su verdugo.

Abismos

Dios puso en los abismos del espacio
esos vapores tenues,
que, en nube convertidos, se coloran
con tinta suave cuando el alba viene.

La nube engendra el rayo
que esparce por doquier estrago y muerte:
¡culpad a Dios, que derramó en la altura
del huracán el germen!

Dios puso en el cerebro esas ideas
que poderosas crecen
y, comprimidas sin piedad, estallan
soberbias, indomables y rebeldes.

La rebelión engendra
brisas de fuego y ráfagas de muerte:
¡culpad a Dios que puso en el cerebro
del huracán el germen!

Patriota

Con las ropas en bello desorden,
la frente marmórea de rizos poblada,
balbuciendo los trémulos labios
confusas palabras,
un niño dormía
soñando una patria.

Oh! ¡qué hermosa, riente y espléndida,
altiva y heroica, viril y gallarda
la veía surgir de las ondas
rugientes y bravas,
con su veste de espumas cubiertos
el torso de ninfa, las formas de estatua!

Corrieron los años;
el niño, en su tierra, creció como un paria;
vio la fusta estallar implacable
del siervo en la espalda;
mirar pudo en el rostro del César
sonrisas de lástima;
la sangre, rebelde,
subió a sus mejillas en brusca oleada;
y después... en sus noches de insomnio,
evocando a la ninfa soñada
¡qué mezquina, qué pobre, qué triste
solía mirarla!

¡Ay! el sueño... ¡qué dulce y alegre!
La verdad... ¡qué desnuda y amarga!
Por eso el mancebo
pensando en la patria,
sintió muchas veces sus ojos marchitos
llenarse de lágrimas.

Himno

¿Aceptareis, patriotas, inerte vuestra mano
la esclavitud abyecta, la servidumbre vil?
¿No veis cómo el tirano
azota a nuestro pueblo juzgándole servil?

La patria estaba muda; la patria estaba
muerta;
el déspota la hería con bárbara crueldad:
la patria se despierta
y a nuestros brazos fía su sacra dignidad.

¿Vivir bajo la punta del látigo extranjero?
¿Llorar en el oprobio y en la abyección gemir?
no, no: vibre el acero;
volemos, ciudadanos, volemos a morir.

¡Al arma, hijos del Plata! Cabezas de verdugos
exige nuestra tierra: herid sin compasión.
Así se rompen yugos
y donde fue la tribu se forja la nación.

Parias

Allá van, recatando en la sombra
la faz macilenta,
en que el miedo, fantasma impalpable,
grabara sus huellas.

Ellos son: los que ayer, pregonando
con tonos vibrantes su amor a la idea,
nos hablaron de nobles anhelos,
de alientos viriles, de heroicas empresas.

Ora brama sin vallas ni diques
la furia del déspota,
y ellos callan, los fuertes, los puros,
y abaten y rasgan la hermosa bandera
que juraron en días mejores
mantener triunfadora y enhiesta.

¡Patria! ¡Patria! Tus hijos te olvidan,
tus hijos te niegan,
mientras lloras con llanto de fuego
y claman venganza tus crueles afrentas.

Cuando pasen las horas terribles;
cuando lleguen las horas serenas;
si Borinquen soporta la injuria;
si Borinquen perdona la ofensa;
los que ven con desprecio profundo
rugir desbordadas las iras del César,
mirarán a la pobre Borinquen

con honda tristeza.

¿Dónde irán los que sienten al rostro
en olas de sangre subir la vergüenza
¿A qué climas remotos y extraños
cual ave que pierde su nido y su selva
llevará, con angustia infinita, su canto el
poeta?

Aunque las niñas rubias son muy bellas,
en cuestiones de bucles y cabellos,
quisiera siempre sorprender en ellos
el negro de una noche sin estrellas.

...

Tiene el abismo extrañas tentaciones,
y al ver esos magníficos cabellos,
siente uno ganas de arrojarse en ellos,
como en un mar de oscuras tentaciones.

...

Que callen los artistas y los sabios:
porque arte y ciencia el corazón olvida,
cuando un beso en los labios canta
la eterna estrofa de la vida.

...

Belleza. ¡Qué deidad tan insegura!
Pero, ¡cómo domina mientras dura!

...

Como no es un secreto
que eres muy niña y que serás muy bella,
te saludo, a través de la distancia,
con el alto respeto
que inspira un porvenir en que destella,
al convertirse en rutilante estrella,

la grácil nebulosa de tu infancia.
...

Una boda es siempre triste,
joven pareja que insiste
en ver la felicidad.
Y luego... La realidad
que le grita: «Eso... no existe».

...

La gracia y la belleza en ti se juntan.
Y, después que te vi,
si —¿cómo son los ángeles? —preguntan,
¿cómo han de ser? —respondo. —Son así.
...

Eva, Eva: si el Eterno
Hacedor mandarte quiso
a este báratro moderno,
fue... para dar al infierno
lo mejor del Paraíso.
...

¿Que cante yo al amor? En otros días
me abrasaron sus rojas llamaradas.
Hoy... clasifico las cenizas frías
entre mis glorias muertas y olvidadas.
...

En este valle de miseria y lodo,
nada me importa al fin, y ésta es mi ciencia,

estar en lucha siempre y contra todo
estando siempre en paz con mi conciencia

...

¿Los años han pasado y no me olvidas?
¡Lo mismo siento yo!
¡Que mientras más lejanas, más queridas
son aquellas memorias bendecidas
del tiempo que pasó!

...

¡Los años pasan, ¡mas no se olvida
lo que en el alma grabado está!
¡Por eso, niña, recuerdo ahora
tu hermosa imagen, tu dulce hogar!

...

Hoy mis recuerdos, rondando en torno
de tu amorosa, plácida faz,
son avecillas que buscan nido
y a tu regazo volando van...

...

¡Oh, tiempo destructor! ¿Qué te propones
cuando vas, a través de las edades,
segando las rientes ilusiones
con la hoz de tus negras realidades?

...

Merece los honores imperiales
sobre el carro triunfal de la fortuna
el poeta que escribe mil postales
y aún guarda un rasgo nuevo a la mil una.

Libros a la carta

A la carta es un servicio especializado para
empresas,
librerías,
bibliotecas,
editoriales
y centros de enseñanza;

y permite confeccionar libros que, por su formato y concepción, sirven a los propósitos más específicos de estas instituciones.

Las empresas nos encargan ediciones personalizadas para marketing editorial o para regalos institucionales. Y los interesados solicitan, a título personal, ediciones antiguas, o no disponibles en el mercado; y las acompañan con notas y comentarios críticos.

Las ediciones tienen como apoyo un libro de estilo con todo tipo de referencias sobre los criterios de tratamiento tipográfico aplicados a nuestros libros que puede ser consultado en Linkgua-ediciones.com.

Linkgua edita por encargo diferentes versiones de una misma obra con distintos tratamientos ortotipográficos (actualizaciones de carácter divulgativo de un clásico, o versiones estrictamente fieles a la edición original de referencia).

Este servicio de ediciones a la carta le permitirá, si usted se dedica a la enseñanza, tener una forma de hacer pública su interpretación de un texto y, sobre una versión digitalizada «base», usted podrá introducir interpretaciones del texto fuente. Es un tópico que los profesores denuncien en clase los desmanes de una edición, o vayan comentando errores de interpretación de un texto y esta es una solución útil a esa necesidad del mundo académico.

Asimismo publicamos de manera sistemática, en un mismo catálogo, tesis doctorales y actas de congresos académicos, que son distribuidas a través de nuestra Web.

El servicio de «libros a la carta» funciona de dos formas.

1. Tenemos un fondo de libros digitalizados que usted puede personalizar en tiradas de al menos cinco ejemplares. Estas personalizaciones pueden ser de todo tipo: añadir notas de clase para uso de un grupo de estudiantes, introducir logos corporativos para uso con fines de marketing empresarial, etc. etc.

2. Buscamos libros descatalogados de otras editoriales y los reeditamos en tiradas cortas a petición de un cliente.

www.ingramcontent.com/pod-product-compliance
Lightning Source LLC
LaVergne TN
LVHW101930220826
846093LV00009B/415

* 9 7 8 8 4 9 0 0 7 6 0 9 5 *